Christine Sinnwell-Backes
Nora Hassel-Hoff

Spiele basteln MIT DEN KLEINSTEN

ab 3 Jahren

Bassermann

Inhalt

Spielend die Welt entdecken 6
Tipps und Tricks 7

Buntes Steine-Domino 8
Fang die Maus! 10
Knete-Labyrinth 12
CD-Kreisel 14
Angelspiel aus Schwämmen 16
Karton-Steckspiel 18
Frisbee-Scheibe 20
Pompom-Konfetti-Kanone 22
Fütter den Eisbären! 24
Bildersuche im Reis 26
Käfer würfeln 28
Moosgummibilder für die Badewanne 30
Wasserbomben-Schlacht 32

Indiaca-Bälle basteln 34
Luftballontennis 36
Sortierspiel mit Pompoms 38
Segelschiffrennen 40
Pinguin-Eisschollen-Parkour 42
Fühlmemory 44
Raupenspiel mit Fotokartonresten 46
Monster-Geschicklichkeitsspiel 48
Lustige Tierfingerpuppen 50
Schneckenrennen 52
Tic Tac Toe 54
Kugelbahn 56
Barfußpfad 58

Vorlage 60
Dank und Mitwirkende 61

Spielend die Welt entdecken

Was gibt es Schöneres? Basteln und am Ende etwas in der Hand halten, was man selbst erschaffen hat! Das erfüllt schon die Kleinsten mit Stolz und ist von unschätzbarem Wert. Wie groß ist die Freude, wenn sie mit den selbst kreierten Werken hinterher spielen können.

Beim Spielen können Kinder auf vielfältige Weise ihre Welt erkunden. Sie lernen, mit ihren Gefühlen umzugehen und in fantasievolle Welten einzutauchen. Sie erleben Zusammengehörigkeit, und ganz nebenbei werden ihre Konzentrationsfähigkeit und ihre Ausdauer gestärkt. Aber das Wichtigste: Es macht Spaß!

In diesem Buch erwartet Sie eine Fülle an leicht umsetzbaren Spielideen. Ob Fühlmemory, Badespaß oder Geschicklichkeitsspiele: Gehen Sie mit den Kindern auf Entdeckungsreise und probieren Sie aus, was Ihnen und Ihren Kindern besonders viel Freude bereitet.

Da Sie für die meisten Projekte nicht viel Material benötigen, können Sie auch spontan kreativ werden. Benötigte Vorlagen zum Kopieren finden Sie hinten im Buch auf Seite 60.

Wir hoffen, dass Sie in unserem Buch viele Anregungen zum Basteln und gemeinsamen Spielen mit Ihren Kindern finden können. Auf bunte, abwechslungsreiche und glückliche Stunden!

Ihre Christine Sinnwell-Backes und Nora Hassel-Hoff

Tipps und Tricks

Für viele Spielideen in diesem Buch brauchen Sie sehr wahrscheinlich nicht viel mehr Material, als Sie sowieso schon im Haus haben. Man benötigt zum Beispiel Klopapierrollen, Wolle oder Pappteller. Aber auch Werkstoffe aus der Natur wie Steine oder Stöcke kommen zum Einsatz.

Dazu kommen Farben, Kleber, Pinsel und Scheren. Das genügt in der Regel, um mit den Kindern die kreativen Spielideen umzusetzen. Bevor Sie loslegen, haben wir hier noch ein paar Tipps und Tricks zusammengestellt, damit der Start mit dem Projekt leichtfällt und das Bastelvergnügen so groß wie möglich ist:

Grundausstattung: Neben einer altersgerechten Kleinkinderschere ist es sinnvoll, kleine und dicke Pinsel für Kinderhände vorrätig zu haben. Vielleicht ist sogar eine Prickelnadel eine gute Alternative zur Schere.

Ein Malkittel oder ein altes Hemd schützen die Kleider vor möglichen Flecken.

Genauso sinnvoll ist es, eine Wachstischdecke, ein Plastikplatzset oder Zeitungen parat zu haben, um den Tisch jederzeit abdecken zu können.

Fingerfarben in Tuben lassen sich für fast alle Farbprojekte gut einsetzen. Ein alter Teller oder Tassenuntersetzer kann als Farbpalette dienen und nach Gebrauch leicht abgespült werden.

Buntes Steine-Domino

Stein an Stein und Farbe an Farbe: Bau dir eine lange Dominokette und spiel Domino mit deinen Freunden.

So wird es gemacht:

Suche dir einen Stein aus. Nun malst du die eine Hälfte des Steines in einer Farbe an. Die andere Hälfte malst du in einer anderen Farbe an. Wiederhole das mit den übrigen Steinen, bis du mindestens 15 bemalte Steine hast.

Wichtig: Achte darauf, dass du jede Farbe in etwa gleich oft verwendest.

Tipps: Statt sie in zwei Farben zu bemalen, kannst du deine Steine auch mit zwei Motiven kennzeichnen, beispielsweise mit kleinen Dreiecken, Blumen oder Sternen. Gut verstauen lässt sich das Domino-Spiel in einem leeren Schuhkarton oder in einem Stoffbeutel.

Das Spiel

Alle Steine kommen in einen blickdichten Beutel. Zieh den ersten Stein und leg ihn als Startstein in die Mitte. Nun zieht ihr abwechselnd Steine aus dem Beutel, bis alle aufgeteilt sind.

Der Startspieler legt einen farblich oder vom Motiv her passenden Stein an und so geht es reihum weiter. Kannst du nichts anlegen, ist der nächste Spieler dran. Wer schafft es zuerst, alle Steine anzulegen?

Fang die Maus!

Ein katzenflinkes Spiel: Bist du schnell und geschickt genug, um als Erste oder Erster die Maus zu fangen?

So wird es gemacht:

Schritt 1: Male den Mäusekörper auf den grauen Karton. Stell dir dazu die Form eines Regentropfens vor. Die Spitze wird die Schnauze. Male auch zwei Ohren auf und schneide sie zusammen mit dem Körper aus.

Schritt 2: Klebe die Ohren auf und male mit schwarzem Stift ein Mäusegesicht.

Schritt 3: Mach mit dem Locher ein Loch an die Stelle, an die der Schwanz kommen soll. Schneide ein langes Stück Schnur oder Wolle ab. Lass dir ein Ende am Ast festbinden. Das andere Ende kommt an den Po der Maus.

Schritt 4: Um gegeneinander anzutreten, bastelst du auf diese Weise eine zweite Maus. Achte darauf, dass die Schnüre genau gleich lang sind! Nun kann das Spiel losgehen!

Das Spiel

Lege die Mäuse auf eine Linie und schaue, dass die Schnur von beiden Mäusen komplett ausgerollt ist. Nun wickelst du mit einem Kind um die Wette: Wer hat die Schnur zuerst um seinen Ast gerollt und die Maus gefangen?

Variante: Je nach Vorliebe kannst du das Tier verändern, z. B. »Fang den Fisch!«, »Hol dir den Schatz!«

Knete-Labyrinth

Hui, links rum, rechts rum, geradeaus! Wo ist denn hier bloß der Ausgang?

Du benötigst:

* Knete
* 1 Plastiktablett oder den Deckel eines Schuhkartons
* 1 Murmel

So wird es gemacht:

Schritt 1: Forme aus der Knete viele lange und ca. 2 cm hohe Stücke.

Schritt 2: Diese Stücke drückst du nun auf das Tablett oder den Schuhkartondeckel, sodass ein Labyrinth mit Start- und Endpunkt entsteht. Dazu brauchst du noch einen Weg, der von Anfang bis Ende reicht. Dieser muss mindestens doppelt so breit wie deine Murmel sein.

Das Spiel

Nun kannst du deine Murmel an den Startpunkt legen und das Tablett oder den Schuhkarton so hin und her bewegen, dass du die Murmel durch die geformten Gänge zum Ziel bewegst.

Tipp: Den Weg kannst du natürlich immer wieder verändern.

Mehrere Spieler: Mit Freunden kannst du auch ein Geschicklichkeitswettrennen machen. Wer kann die Murmel am schnellsten durch das Labyrinth bewegen?

CD-Kreisel

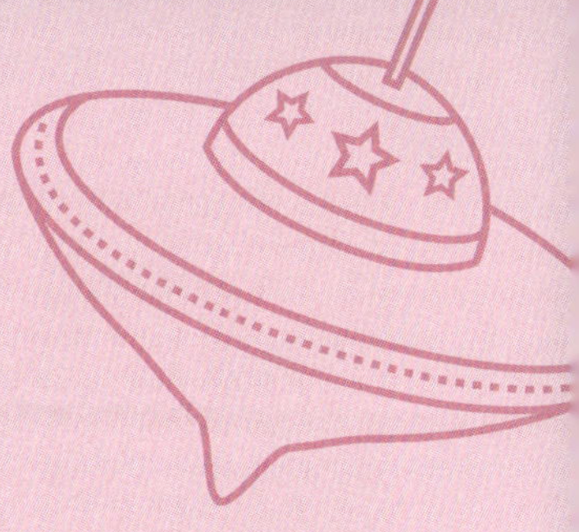

Was meinst du, wie lange sich dieser kunterbunte Kreisel wohl dreht?

* 1 alte CD oder CD-Rom
* Fingerfarbe
* Pinsel (optional)
* 1 Murmel
* Etwas Knete

So wird es gemacht:

Schritt 1: Bemale die Oberfläche der CD mit den Fingerfarben. Du kannst deine Finger zum Bemalen benutzen oder einen Pinsel. Lass die Farbe gut trocknen.

Schritt 2: Nun drückst du die Murmel von oben in das Loch in der Mitte. Drücke von der bemalten Seite die Knete um die Kugel herum. Fertig ist dein bunter Kreisel! Probiere gleich aus, wie lange er sich dreht.

Tipp: Statt direkt auf die CD zu malen, kannst du auch einen Kreis in der Größe der CD auf Papier malen und diesen dann mit Holz-, Wasser- oder Fingerfarben bemalen und anschließend ausschneiden und auf die CD kleben.

Wer Glitzer mag, kann den Kreisel auch mit kleinen Pailletten und Edelsteinen bekleben.

Angelspiel aus Schwämmen

Hier kommt ein echter Erfrischungsspaß für den Sommer!

Du benötigst:

* Schwarzen Filzstift
* Flache Spülschwämme
* Schere
* Büroklammer
* Behälter mit Wasser (Schale, Eimer, Planschbecken, Badewanne)
* 1 Magnetangel

So wird es gemacht:

Schritt 1: Male einen Fisch mit dem schwarzen Filzstift auf die Spülschwämme.

Schritt 2: Schneide die Fische nun mit der Schere aus.

Schritt 3: Befestige an jedem Fisch vorne eine Büroklammer.

Das Spiel

Nun gibst du die Fische ins Wasser und fischst sie mit deiner Angel an den Büroklammern heraus. Kannst du auch einen Fisch mit verbundenen Augen fangen? Wie viele Fische hast du gefangen? Hier kannst du das Zählen üben.

Mehrere Spieler: Mach ein Wettangeln daraus! Wie viele Fische fängt jeder Mitspieler in drei Minuten?

Karton-Steckspiel

Bau dir deine Welt aus Pappe!

Du benötigst:

* Kartons
* Finger-, Wasser- oder Wachsmalfarben
* Schere

So wird es gemacht:

Schritt 1: Male die Kartons mit den Farben beidseitig bunt an. Bei den Finger- und Wasserfarben musst du warten, bis die Farben komplett getrocknet sind.

Schritt 2: Schneide die Kartons nun in Dreiecke, Kreise und Vierecke.

Schritt 3: Nun schneide an der Seite der einzelnen Formen ganz schmale Stücke heraus. Gerade so, dass du die Kartonformen nun ineinanderstecken kannst.

Spielen, spielen!

Jetzt hast du ein eigenes Steckspiel und kannst tolle Formen, Häuser oder Türme zusammenstecken. Mit etwas Hilfe bei den Vorlagen kannst du auf diese Weise auch Themenfiguren wie Käfer, Dinosaurier und andere Tiere gestalten, mit denen du dann spielen kannst.

Frisbee-Scheibe

Hier kannst du dein Wurfglück mit einfachen Papptellern versuchen.

Du benötigst:

* 2 Pappteller
* Schere
* Bastelkleber (optional Heißkleber)
* Filzstifte oder Fingerfarben

So wird es gemacht:

Schritt 1: Schneide aus beiden Papptellern die Kreise in der Mitte aus. Lass dir gern dabei helfen.

Schritt 2: Nun kannst du die beiden äußeren Kreise aufeinanderkleben. Benutzt du Bastelkleber, lass ihn gut zehn Minuten trocknen.

Schritt 3: Jetzt kannst du deinen Frisbee bunt bemalen. Fertig ist ein tolles Spielgerät!

Tipp: Bei sehr kleinen Kindern ist es ratsam, die Teller bemalen zu lassen und sie erst in bemaltem Zustand zusammenzukleben.

Das Spiel

Du kannst auch mehrere Frisbees basteln und dann beispielsweise üben, sie über einen Stock oder eine leere Wasserflasche zu werfen. Gelingt es dir zu treffen?

Pompom-Konfetti-Kanone

Dieser bunte Spaß eignet sich wunderbar für Kindergeburtstage.

Du benötigst:

* 1 Klopapierrolle
* Fingerfarben oder Masking-Tape
* 1 Luftballon
* Schere
* Bunte Pompoms

So wird es gemacht:

Schritt 1: Zuerst gestaltest du die Klopapierrolle: Entweder bemalst du sie mit Fingerfarben oder beklebst sie mit buntem Masking-Tape.

Schritt 2: Lass dir nun den Luftballon zuknoten und schneide den oberen Teil ab.

Schritt 3: Stülpe den Luftballon über ein Ende der Klopapierrolle, sodass der Knoten nach unten hinausragt.

Schritt 4: Umwickle das andere Ende des Luftballons einmal mit Masking-Tape oder Klebeband, sodass es gut an der Klopapierrolle hält.

Schritt 5: Nun fehlt noch die Füllung. Stecke dazu einige Pompoms in die Pompom-Kanone. Wenn du den Luftballonknoten ein Stück nach unten ziehst und loslässt, fliegen die Pompoms durch die Luft.

Tipp: Für Geburtstage können die Kanonen für jedes Kind vorbereitet oder mit allen zusammen gebastelt werden. Dann können die Kinder gemeinsam dem Geburtstagskind einen Pompom-Regen bescheren.

Fütter den Eisbären!

Grrr! Der Eisbär sieht aber ganz schön hungrig aus. Hilfst du ihm dabei, satt zu werden?

Du benötigst:

* 1 leeren, ausgewaschenen Tetrapack-Karton
* Schere
* Weiße Fingerfarbe
* Pinsel (optional)
* Schwarzen und rosafarbenen Filzstift
* Tonkarton in Wunschfarben
* Strohhalme

1

So wird es gemacht:

Schritt 1: Reiße von dem Tetrapack-Karton die äußerste Schicht vorsichtig ab.

Schritt 2: Lass dir dann den oberen Teil des Tetrapacks von einem Helfer so abschneiden, dass zwei Ohren übrig bleiben.

Schritt 3: Male den Tetrapack-Karton ganz weiß an. Du kannst dazu deinen Finger oder einen Pinsel benutzen. Lass die Farbe dann komplett trocknen.

Schritt 4: Nun bekommt der Eisbär ein Gesicht: Male eine Nase, einen Mund und zwei Augen. Gerne kannst du auch seine Ohren rosa ausmalen.

Schritt 5: Schneide nun aus Tonkarton viele kleine Fische aus.

Das Spiel

Nun kann es losgehen! Verteile die Fische im Zimmer um den Eisbären herum. Sauge die Fische mit dem Strohhalm vom Boden auf und transportiere sie in den Eisbären.

Mehrere Spieler: Wenn ihr mit mehreren spielt, könnt ihr auch jedem Spieler eine Farbe an Fischen zuordnen. Dann gewinnt derjenige, dessen Fische zuerst alle im Eisbärbauch gelandet sind.

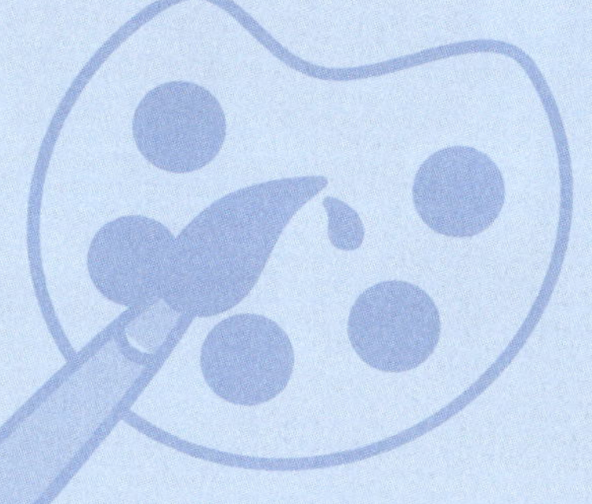

Bildersuche im Reis

Findest du alle Bilder, die sich im Reis verstecken?

Du benötigst:

* Weißes Papier (ggf. zwei Blätter)
* Stifte
* Schere
* Klebestreifen
* 1 durchsichtige flache Glas- oder Plastikform
* Reiskörner

So wird es gemacht:

Schritt 1: Male auf ein Papier kleine Symbole. Das können zum Beispiel eine Sonne, ein Mond, Sterne, Blumen oder Herzen sein.

Schritt 2: Lass dir das Blatt Papier einmal kopieren. Stattdessen kannst du aber auch jedes Symbol zweimal auf zwei Blätter Papier malen. Nun schneidest du die Bilder einmal aus.

Schritt 3: Lass dir die Bilder von einem Helfer unter die Glas- oder Plastikform mit Klebestreifen befestigen und fülle diese Form dünn mit Reiskörnern aus.

Schritt 4: Schneide nun die Symbole ein zweites Mal aus.

Tipps: Den Reis kann man mit etwas Lebensmittelfarbe und einem Schuss Essig auch bunt einfärben. Dazu gibt man alles zusammen in eine Schüssel, vermischt es gut miteinander und lässt es dann trocknen.

* Wer keine Lebensmittel zum Spielen nehmen mag, kann alternativ auch Sand verwenden.
* Wenn du die Bilder öfter benutzt, kannst du sie dir auch laminieren oder in Bucheinbindefolie einschlagen lassen. Die Bilder können in der Schüssel stets an einer anderen Stelle befestigt werden.

Das Spiel

Jetzt wird gespielt. Lege die zuletzt ausgeschnittenen Symbole verdeckt neben dich. Versuche nun, die Symbole der Reihe nach im Reis zu finden, indem du in der Schüssel suchst.

Käfer würfeln

Erst würfeln, dann basteln! Hier kannst du lustige Käfer aus Schätzen der Natur zusammenbauen.

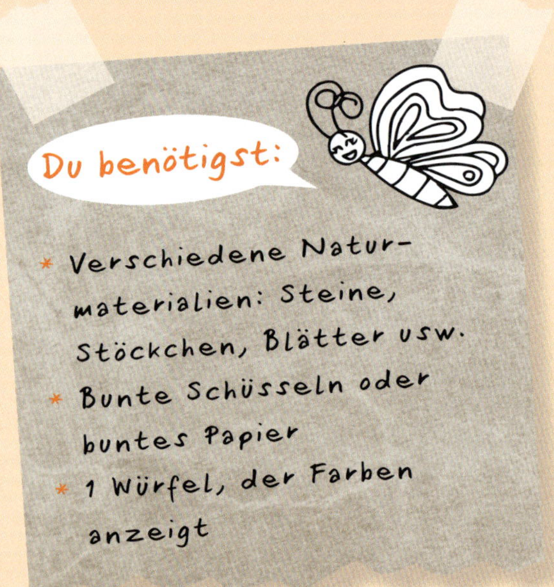

Du benötigst:

* Verschiedene Naturmaterialien: Steine, Stöckchen, Blätter usw.
* Bunte Schüsseln oder buntes Papier
* 1 Würfel, der Farben anzeigt

So wird es gemacht:

Schritt 1: Verteile die Naturmaterialien auf verschiedene Schüsseln oder bunte Papiere. Pro Farbe wählst du ein Material.

Schritt 2: Aus den Steinen werden die Körper, die Blätter werden die Flügel und die Stöckchen werden die Beine und Fühler. Weil man für die Beine und Fühler viele Stöckchen benötigt, können die Stöckchen auf drei verschiedene Farben verteilt werden. Wichtig ist, dass genug Material da ist, damit pro Spieler am Ende ein vollständiger Käfer gestaltet werden kann.

Tipp: Natürlich können auch andere Materialien verwendet werden. Auch Muscheln, Korken, Kronkorken, Flaschendeckel und Ähnliches dürfen zum Einsatz kommen.

Das Spiel

Los geht's! Würfelt reihum. Wer zuerst seinen Käfer fertig gebaut hat, gewinnt. Je nach gewürfelter Farbe darf man sich ein Käferteil aus der passenden Schüssel nehmen. Hat man schon alle Teile einer Farbe, ist der nächste Spieler an der Reihe. Ein Käfer besteht am Ende aus einem Stein, zwei Fühlern, sechs Beinen und zwei Blättern. Wer hat seinen Käfer zuerst zusammengebaut?

Moosgummibilder für die Badewanne

Baden und spielen – das ergänzt sich wunderbar!

So wird es gemacht:

Schneide aus dem Moosgummi viele verschiedene Formen wie Kreise, Streifen, Dreiecke und Vierecke aus. Becher, Tassen und Teller können zum Beispiel als Vorlage für Kreise genutzt werden.

Tipp: Mit Ausstechformen kann man ebenfalls tolle Moosgummivorlagen ausstechen und ausschneiden.

Spielen, spielen!

Ab geht es in die Badewanne! Das Moosgummi schwimmt wunderbar im Wasser. Das allein erhöht den Badespaß. Aber du kannst die Formen natürlich auch an die Kacheln oder den Rand der Badewanne »kleben« und damit lustige Bilder und Muster gestalten.

Spielvarianten ohne Badewanne

Wie wäre es damit, tolle Landschaften aus Moosgummi auf ein Fenster zu kleben? Dazu wird das Fenster mit einem feuchten Tuch oder einer Sprühflasche mit Wasser angefeuchtet. Auch die Moosgummiformen können leicht befeuchtet werden (z. B. mit einem Pinsel). Dann darf geklebt werden.

Sortierspiele eignen sich hier ebenfalls sehr gut. Dazu müssen alle grünen Formen gesammelt oder alles, was rund ist, nebeneinander gelegt werden. Hier könnt ihr euch selbst neue Ideen überlegen.

Wasserbomben-Schlacht

Für ein feucht-fröhliches Vergnügen machst du die Wasserbomben selbst.

Du benötigst:

* Verschiedene Spülschwämme
* Schere
* Gummiband
* Wassereimer

So wird es gemacht:

Variante mit flachen Spülschwämmen: Schneide die Spülschwämme in ca. 2-3 cm breite Streifen. Schneide diese Streifen noch einmal in der Mitte durch. Nun legst du ca. 8 Streifen übereinander und bindest diese mit einem Gummiband zusammen.

Variante mit dicken Spülschwämmen: Schneide die Schwämme in ca. 2 cm breite Streifen. Binde nun mit einem Gummi immer 5 Streifen in der Mitte zusammen.

Tipp: Du kannst für die flachen Spülschwämme auch eine Zickzackschere nehmen. Wer mag, kann noch mehr Streifen übereinanderlegen und die Bomben am Ende stärker in Form zupfen.

Das Spiel

Zum Spielen tauchst du die Wasserbomben in den Wassereimer und schon kann die Wasserbombenschlacht losgehen!

Indiaca-Bälle basteln

Bist du geschickt genug, den Ball zu werfen und zu fangen?

Du benötigst:

* Getrocknete Erbsen oder Linsen
* Quadratische Stoffreste (20 x 20 cm)
* 1 reißfeste Schnur
* Bunte, stabile Federn
* Schere

So wird es gemacht:

Schritt 1: Verteile die Erbsen oder Linsen in der Mitte des Stoffes.

Schritt 2: Falte alle vier Ecken des Stoffes nach oben und binde den Stoff lose mit der Schnur zusammen.

Schritt 3: Stecke nun die Federn in die Öffnung.

Schritt 4: Nun schneidest du noch einmal ein Stück Schnur ab und wickelst diese ganz fest um deinen Ball, damit die Federn gut halten. Fertig ist dein Indiaca-Ball!

Das Spiel

Nun kannst du deine Freunde auf ein Spiel mit dem Indiaca-Ball einladen. Den Ball spielt man mit der flachen Hand. Versuche ihn zu fangen und dem nächsten Spieler zuzuwerfen.

Variante Schleuderball:

Fülle das Quadrat aus Stoffresten mit ein bis zwei Zeitungsseiten. Schneide aus buntem Krepppapier einige lange Streifen. Lege diese in die Mitte des Stoffquadrats. Nimm den Stoff so zusammen, dass auf einer Seite die Streifen herausschauen. Umwickle das Ende mit einer ca. 1 m langen Schnur und verknote diese fest.

Nun kannst du draußen die Schnur um dich kreisen und irgendwann loslassen.

Luftballontennis

Wer schafft es, den Ball mit selbst gebastelten Schlägern am längsten in der Luft zu halten?

Du benötigst:

* Tacker
* Runde Bierdeckel
* Küchenrollen
* Fingerfarbe
* Pinsel
* 1 Luftballon

So wird es gemacht:

Schritt 1: Tacker einen Bierdeckel mit der Unterstützung eines Helfers an die Küchenrolle fest. Das wird dein Schläger.

Schritt 2: Bemale deinen Schläger nach Lust und Laune mit der Fingerfarbe, entweder mit den Fingern oder mit dem Pinsel. Blas einen Luftballon auf.

1

2

2

Das Spiel

Du kannst nun versuchen, den Luftballon mit Hilfe deines Schlägers in der Luft zu halten. Wenn ihr mehrere seid, könnt ihr euch einander gegenüber aufstellen und gemeinsam versuchen, den Ballon oben zu halten oder ihr malt euch mit Kreide ein Spielfeld und spielt gegeneinander.

Variante: Wenn dir das Basteln des Schlägers zu lange dauern sollte, kannst du auch eine Fliegenklatsche als Schläger benutzen.

Sortierspiel mit Pompoms

So macht Farben lernen Spaß!

Du benötigst:

* 1 Eierkarton, 10er Pack
* Holzklammern
* Fingerfarben
* Pinsel
* Bunte Pompoms

So wird es gemacht:

Schritt 1: Trenne zuerst den Deckel des Eierkartons ab.

Schritt 2: Male die einzelnen Felder des Eierkartons in den Pompom-Farben an. Du kannst die beiden gegenüberliegenden Felder auch in der gleichen Farbe anmalen. Lass alles gut trocknen.

Schritt 3: Nun malst du die unteren Teile der Holzklammern in den Farben der Pompoms an.

Tipp: Du kannst auch farbige Knöpfe zum Einsortieren nehmen und im Herbst kannst du Kastanien sammeln und jeweils den unteren Teil bunt anmalen.

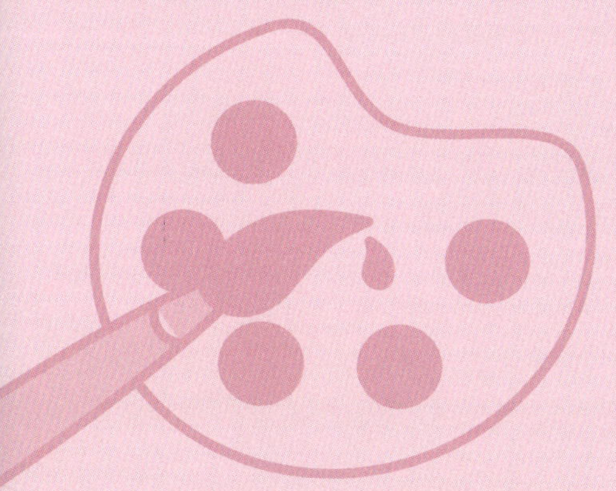

Das Spiel

Sortiere mit den Holzklammern die Pompoms in die farblich passenden Felder des Eierkartons ein.

Zwei Spieler: Wenn ihr zu zweit spielen wollt, könnt ihr die Pompons zuerst in ein Säckchen füllen. Nun wird nacheinander gezogen. Wer hat seine Eierkartonseite zuerst gefüllt?

Segelschiffrennen

Setzt die Segel, ahoi! Hier ist ordentlich Puste gefragt.

Du benötigst:

* Vorlagen: Segel, Fahne, Boot
* Styroporstück oder Gummimatte (ca. 25 x 15 cm groß, ca. 3 cm dick)
* Stifte
* Scharfes Messer
* Weißes oder buntes Tonpapier oder Wellpappe
* Schere
* Pinsel und Farben
* Schaschlikspieß
* Holzperlen (optional)
* Alleskleber

So wird es gemacht:

Schritt 1: Übertrage die Schiffform mithilfe der Vorlage auf das Styropor. Lass die Form von einem Erwachsenen mit einem scharfen Messer ausschneiden.

Schritt 2: Nun überträgst du die Form des Segels und die der Fahne auf das Tonpapier und schneidest beides aus. Solltest du dein Segel und die Fahne noch bemalen wollen, nimmst du weißes Tonpapier. Auch bunte Wellpappe eignet sich gut.

Schritt 3: Jetzt bohrst du den Schaschlikspieß oben und unten durch die Mitte des Segels und schiebst das Segel etwas zusammen. Falls vorhanden, kannst du nun oben und unten eine Holzperle auf den Spieß stecken und diese mit dem Alleskleber festkleben.

Schritt 4: Die Fahne faltest du in der Mitte, bestreichst sie innen mit Kleber und klebst sie dann ganz oben an den Spieß.

Schritt 5: Zuletzt stichst du mit dem Spieß ein Loch in das Styropor und steckst so das Segel ein. Das Boot ist nun bereit, um in See zu stechen.

So wird es wasserdicht: Wenn nicht nur der Bootskörper wasserdicht sein soll, sondern das ganze Schiff, kannst du das Segel auch laminieren.

Spielen, spielen!

Wenn du mehrere wasserdichte Boote bastelst, kannst du in einem kleinen Bach ein Wettrennen veranstalten. Welches Boot kommt zuerst ins Ziel?

Pinguin-Eisschollen-Parkour

Von Scholle zu Scholle: Schaffst du es sicher an das andere Ufer?

Du benötigst:

Für den Parkour:

* Mehrere Bierdeckel oder mehrere Stücke aus fester Pappe
* Weiße Fingerfarbe
* Pinsel

Für die Pinguinmaske:

* Vorlage: Pinguinmaske
* Weißen Tonkarton
* Schere
* Schwarze Fingerfarbe oder schwarzen Wachsmalstift
* Prickelnadel
* Gummiband

So wird es gemacht:

Schritt 1: Die Bierdeckel oder Pappstücke malst du mit der weißen Farbe an. Wenn sie getrocknet sind, legst du sie auf dem Boden aus, und zwar vom Abstand her so, dass du sie noch mit einem kleineren oder größeren Schritt erreichen kannst. Sie stellen die Eisschollen dar, auf denen du über das Wasser gelangen kannst.

Schritt 2: Für die Pinguinmaske überträgst du die Vorlage für den Kopf auf den weißen Tonkarton und schneidest ihn aus. Male den Maskenrand schwarz an.

Schritt 3: Zum Schluss machst du mit der Prickelnadel je ein Loch – ungefähr auf Höhe der Augen – an den Außenseiten der Maske und bringst das Gummiband an.

Tipp: Du kannst die Maske auch aus einem halben Pappteller basteln. Die Augen zeichnest du dir mit Hilfe einer 2€-Münze auf.

Das Spiel

Nun probiere, ob du »kleiner Pinguin« es schaffst, über die Eisschollen auf die andere Seite zu kommen, ohne das »Wasser« zu berühren. Natürlich kannst du dir jedes andere Tier aussuchen, das du sein willst. Wie wäre es mit einem Frosch, der auf seinem Teich von Stein zu Stein hüpft oder einem Schmetterling, der von Blume zu Blume fliegt?

Mehrere Spieler: Ihr könnt auch zu zweit gegeneinander antreten und herausfinden, wer von euch beiden schneller ist. Jeder startet auf einer Seite. Wer das »Wasser« berührt, muss wieder von vorne beginnen. Na, wer schafft es zuerst auf die gegenüberliegende Seite? Besonders lustig wird das Spiel, wenn ihr mehrere seid und alle gleichzeitig versuchen, das rettende Ufer zu erreichen.

Fühlmemory

Glatt, rau, hart oder weich: Wer hat das richtige Fingerspitzengefühl und findet alle Paare?

Du benötigst:

* Glaskonserven- oder Pappdeckel von Käseschachteln (wichtig ist, dass alle Deckel möglichst einheitlich aussehen)
* Alleskleber
* Fühlmaterialien wie beispielsweise: Fell, Stoff, Muscheln, Federn, Schmirgelpapier, Filz, Moosgummi, Seil, Steine, Watte, Knöpfe, Kork, Sand, Wolle, Baumblätter, Leder, Holz, genoppte Verpackungsfolie, Wellpappe u.v.m.
* Geschenkpapier (optional)

So wird es gemacht:

Klebe immer unter zwei Deckel gleichartiges Material. Lass es gut trocknen. Dann kann das Spiel auch schon losgehen.

Tipp: Solltest du keine einheitlichen Deckel haben, beklebst du diese z.B. mit Geschenkpapier.

Das Spiel

Bei diesem Memoryspiel findet ihr die passenden Paare nur durch Fühlen. Wer glaubt ein richtiges Paar erfühlt zu haben, darf aufdecken. Sollte es falsch sein, werden die Deckel wieder umgedreht. Je nach gewünschtem Schwierigkeitsgrad könnt ihr das Memoryspiel zunächst nur mit 6 oder 7 Paaren beginnen und dann später beliebig erweitern.

Variante: Hörmemory

Bei der Lauschvariante könnt ihr leere Trinkjoghurtflaschen mit jeweils zwei gleichen Materialien (z.B. Knöpfe, Steine, Sand, Murmeln, Glöckchen, Büroklammern, Nägel, Streichhölzer, Erbsen, Perlen, Reis) befüllen. Achtet darauf, dass ihr die Pärchen in etwa mit der gleichen Menge füllt. Findet ihr durch Lauschen heraus, welche Pärchen zusammengehören?

Raupenspiel mit Fotokartonresten

Wer bekommt die Raupe satt oder wird sie nimmer satt?

Du benötigst:

* 1 Tasse oder Untertasse von ca. 10 cm Durchmesser
* Stift
* Fotokartonreste in 6 verschiedenen Farben
* Schere
* 5 Musterbeutelklammern
* Prickelnadel
* Pfeifenreiniger
* Knöpfe oder Pompoms in denselben Farben

So wird es gemacht:

Schritt 1: Male mithilfe der Tasse oder Untertasse Kreise auf die Fotokartonreste und schneide sie aus.

Schritt 2: Verbinde die Kreise nun mit den Musterbeutelklammern. Sollte die Klammer nicht durch den Karton gehen, steche mit der Prickelnadel die Löcher vor.

Schritt 3: Der so entstandenen Raupe malst du nun ein Gesicht auf.

Schritt 4: Am Kopf bohrst du mit der Prickelnadel ein Loch und steckst den Pfeifenreiniger als Fühler durch. Verschlinge die beiden Seiten des Pfeifenreinigers so, dass er fest am Kopf der Raupe sitzt.

Das Spiel

Wenn du alleine spielst, kannst du versuchen, die Knöpfe oder Pompoms farblich richtig auf der Raupe zu verteilen.

Zwei Spieler: Setzt euch gegenüber und legt die Raupe zwischen euch. Zieht die Knöpfe oder Pompoms aus einem Säckchen. Legt sie an eurer Seite auf den Raupenkörper. Wer zuerst alle Farben der Raupe legen kann, gewinnt. Natürlich kannst du aus den Kreisen auch eine Blume legen.

Monster-Geschicklichkeitsspiel

Gib dem Monster seine Nase zurück!

So wird es gemacht:

Schritt 1: Male in die Unterseite des geöffneten Schuhkartons ein großes Monster mit einer runden Nase. Du kannst hierfür Stifte, Wachsmalstifte oder Fingerfarben benutzen. Die Nase sollte etwas kleiner als dein Ball sein.

Schritt 2: Jetzt wird die Nase mit einem Cutter ausgeschnitten. Diesen Schritt übernimmt für dich ein Erwachsener.

Schritt 3: Baue dir nun aus den Zeitungsseiten Abstandshalter für den Deckel. Dazu rollst du die Seiten jeweils zusammen und fixierst sie mit Klebeband im Deckelinneren.

Schritt 4: Stelle nun den unteren Kartonteil in den Deckel. Achte darauf, dass du ihn nicht ganz reindrückst. Fertig ist dein monstermäßiges Geschicklichkeitsspiel!

Das Spiel

Leg den Ball in den Karton. Damit der Ball ins Rollen kommt, bewege den Karton vorsichtig. Ziel ist es, ihn in die Vertiefung zu bekommen.

Variante: Ältere Kinder, die es kniffliger mögen, können den Schuhkarton mit Moosgummi auslegen und sich von einem Erwachsenen 6 oder 7 kleine Murmellöcher mit der Nagelschere ausschneiden lassen. Das Moosgummi um die Löcher herum kann beispielsweise mit Luftballons, Sternen oder Blumen bemalt werden.

Lustige Tierfingerpuppen

Schau mal, wer da zappelt!

Du benötigst:

* Tiervorlagen
* Weißen Fotokarton
* Stifte
* Schere und Nagelschere

So wird es gemacht:

Schritt 1: Übertrage die Tiere von der Vorlage auf den Fotokarton.

Schritt 2: Dann schneide sie mit der Schere aus und male sie an.

Schritt 3: Die Löcher für die Finger kannst du dir von einem Erwachsenen mit einer Nagelschere herausschneiden lassen.

Spielen, spielen!

Nun kannst du dir mit den Fingerpuppentieren großartige und fantastische Geschichten zum Spielen einfallen lassen.

Erwachsene können die Tiere zum Spielen mit den ganz Kleinen benutzen. Zur Anregung hier ein paar kleine Reime:

Der Bär

Der Bär, der Bär,
er schwingt die Arme hin und her.
Mal sind sie unten, mal sind sie oben,
so macht es richtig Spaß zu toben.
Doch dann wird er zum Kuschelbär,
denn Kuscheln mag er wirklich sehr.
Zum Schluss winkt er dir fröhlich zu
und ist dann auch schon weg im Nu.

Der Käfer

Der Käfer krabbelt, schau's dir an,
was er so alles machen kann.
Er krabbelt schnell auf deinen Arm,
denn dort hat er's besonders warm.
Krabbelt dann auf deinen Bauch,
und zu den Füßen mag er auch.
Hüpft auf deine Hand und dann
fängt er dort zu kitzeln an.

Der Hase

Mit den Ohren winkt der Hase
und wackelt dann mit seiner Nase.
Bewegt die Ohren rauf und runter,
dabei wird er besonders munter.
Dreht die Ohren rundherum,
dabei biegt er sie ganz krumm.

Der Elefant

Sieh her, da kommt er angerannt,
der kleine graue Elefant.
Sieh wie er durch die Wiese stampft
und dabei viele Halme mampft.
Er rupft mit seiner Rüsselnas'
schnell ab das hohe grüne Gras.

Schneckenrennen

Bastel dir ein Spielfeld in Schneckenform mit passenden Spielfiguren. Welche kommt wohl zuerst ins Ziel?

Du benötigst:

* Weißen Tonkarton
* Buntstifte oder Wachsmalstifte
* Schere
* 3-6 gleiche Flaschendeckel
* Kleber
* Leere Schneckenhäuschen
* Knete

So wird es gemacht:

Schritt 1: Male das Spielfeld in Form einer Schnecke auf den weißen Tonkarton, wie in den Bildern gezeigt wird. Die Schnecke unterteilst du in einzelne Felder.

Schritt 2: In diese Felder malst du immer abwechselnd 3-6 verschiedene Symbole (z.B. Herz, Blume, Mond, Sonne, Stern und Dreieck). Jedem Symbol kannst du noch eine Farbe zuordnen, indem du den Hintergrund des Symbolfeldes in der gewählten Farbe ausmalst.

Schritt 3: Jetzt schneidest du aus dem restlichen weißen Fotokarton 6 Schildchen aus, die in einen Flaschendeckel passen.

Schritt 4: Die Schildchen bemalst du mit den 6 Farben und den dazugehörigen Symbolen an und klebst sie in die Flaschendeckel.

Schritt 5: Die Schneckenspielfiguren bastelst du aus der Knete und den Schneckenhäuschen. Hierfür rollst du die Körper der Schnecke aus der Knete und drückst die Schneckenhäuschen darauf. Jetzt kann das Schneckenrennen beginnen.

Tipp: Um die Schneckenspielfiguren haltbarer zu machen, kannst du anstelle der Knete auch lufttrocknenden Ton verwenden.

Das Spiel

Die Flaschendeckel werden mit der Bildseite nach unten aufgestellt. Dann wird abwechselnd gezogen. Es darf immer bis zu dem nächsten Feld vorgegangen werden, dessen Symbol zu sehen ist. Nach jedem Ziehen werden die Flaschendeckel wieder gemischt.

Tic Tac Toe

Biene oder Marienkäfer? Wer erobert die Blumenwiese?

Du benötigst:

* 10 flache Steine
* Finger- oder Acrylfarbe
* Pinsel
* Feste Pappe (ca. 20x20cm)
* Schwarzen Filzstift

So wird es gemacht:

Schritt 1: Wasche die Steine und lass sie trocknen. Fünf Steine bemalst du anschließend als Bienen und die fünf anderen als Marienkäfer.

Schritt 2: Auf die Pappe malst du eine schöne, grüne, saftige Wiese.

Schritt 3: Wenn die Pappe getrocknet ist, zeichnest du mit dem schwarzen Filzstift ein Gitter aus neun gleich großen Feldern auf deine Wiese.

Das Spiel

Ein Spieler spielt mit den Bienen, der andere mit den Marienkäfern. Legt abwechselnd eure Tiere auf das Spielfeld. Wer zuerst eine Dreierreihe in einer Zeile, Spalte oder Diagonale legen kann, hat gewonnen.

Kugelbahn

Bahn frei für Baumeister und Bastelkünstler! Lasst die Kugeln rollen!

Du benötigst:

* Mehrere leere Küchenrollen
* Schere
* Fingerfarben oder Geschenkpapier
* Große Pappwand (z.B. von einem großen Pappkarton)
* Doppelseitiges Klebeband
* Kleine Bälle oder Murmeln

So wird es gemacht:

Schritt 1: Zuerst schneidest du die Küchenrollen in verschiedene Längen, manche lässt du ganz.

Schritt 2: Dann bemalst du sie mit den Fingerfarben oder beklebst sie mit Geschenkpapier. Auch die Pappwand kannst du mit dem Geschenkpapier verschönern.

Schritt 3: Nach dem Trocknen der Röhren schneidest du in die Enden Aussparungen, damit die Kugel nachher gut von einer Röhre in die andere laufen kann.

Schritt 4: Jetzt kannst du die Röhren mit dem doppelseitigen Klebeband an der Pappwand befestigen. Fange hierfür oben an und verlängere deine Bahn dann Stück für Stück. Lass vor jedem Ankleben einer neuen Rolle probehalber eine Kugel durchlaufen. Je steiler die Bahn, umso schneller rollt die Kugel durch. Baue also auch flachere Abschnitte in deine Bahn ein.

Tipp: Du kannst dir die Röhren auch von deinen Eltern mit der Heißklebepistole ankleben lassen.

2

3

4

Barfußpfad

Barfuß laufen macht Spaß! Schließe die Augen und spüre!

Du benötigst:

* Mehrere Stücke feste Pappe (ca. 30x30cm)
* Alleskleber
* Fühlmaterialien wie beispielsweise: Fell, Stoff, Federn, Schmirgelpapier, Filz, Moosgummi, Seil, Steine, Watte, Kork, Sand, Wolle, Holz, genoppte Verpackungsfolie, Wellpappe, Schwämme, Bürsten u.v.m.

So wird es gemacht:

Schritt 1: Beklebe deine Pappstücke mit den von dir zusammengetragenen Materialien.

Schritt 2: Wenn alles getrocknet ist, kannst du dir aus den Stücken einen Barfußpfad zusammenlegen. Erspürst du, über was du gerade läufst?

Tipp: Wenn eure Eltern den Barfußpfad für euch haltbarer machen wollen (oder auch als Tipp für Spielgruppen oder Kindergärten), können sie sehr gut Puzzlematten zum Bekleben verwenden.

2

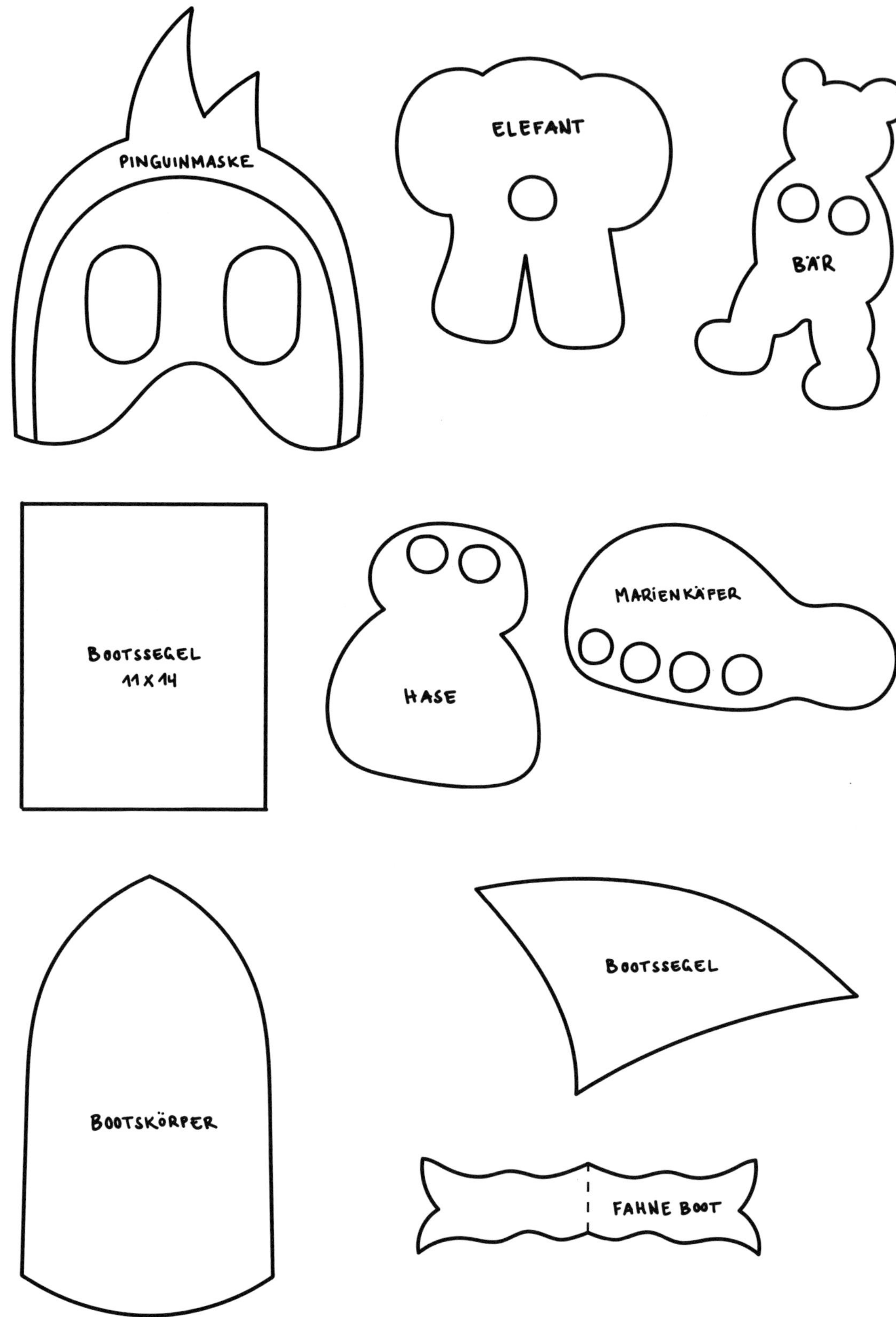
PINGUINMASKE
ELEFANT
BÄR
BOOTSSEGEL
11 X 14
MARIENKÄFER
HASE
BOOTSKÖRPER
BOOTSSEGEL
FAHNE BOOT

Dank und Mitwirkende

Christine Sinnwell-Backes lebt mit ihrem Mann und ihren zwei Kindern in einem kleinen Dorf im Saarland. Dort denkt sie sich für ihre Kinder und mit ihnen zusammen tolle Bastelprojekte aus. Außerdem präsentiert sie in ihrem Blog nicht nur jede Menge kreative Ideen, sondern auch Rezepte aus ihrer Küche. Das alles ist zu entdecken auf: www.littleredtemptations.com

In ihrer Freizeit ist es ihr ein großes Anliegen, Kinder und Jugendliche für Bücher zu begeistern. Seit vielen Jahren leitet sie unterschiedliche Gruppen, um gemeinsam mit kleinen und großen Leseratten in die Welt der Literatur einzutauchen. Dazu gibt sie deutschlandweit auch immer wieder Workshops. Viele Buchprojekte zum Nachmachen gibt es auf www.lesenische.wordpress.com.

Nora Hassel-Hoff lebt mit ihrem Mann und ihren beiden Kindern im Saarland. Die Diplom-Sozialpädagogin hat ihre Leidenschaft, mit Kindern zusammen zu sein, zu ihrem Beruf gemacht und leitet in ihrem Heimatort PEKiP-Kurse und Spielkreise. In ihrer Freizeit spielt, liest und tanzt sie gerne.

Dank

Ein großes Dankeschön geht an die wunderbaren Kinder, die die Projekte und Aktivitäten Schritt für Schritt mit durchgeführt haben: Mika, Mathis, Leonie, Emilia, Valentin, Lorenz, Mia, Rosalie, Tula, Matilda, Frieda, Moses, Anni, Mattis, Luke, Milena, Nela. Auch danken wir herzlich unseren Familien.

Und ein herzliches Dankeschön geht an Christel Gross, die mit viel Liebe die Fotos für das Buch gemacht hat.

Penguin Random House Verlagsgruppe FSC®N001967

1. Auflage

Fotos: Christel Gross, Schmelz
Illustrationen: Josefine Britz, S. 60
Umschlaggestaltung: Atelier Versen, Bad Aibling
Bildredaktion: Sabine Kestler
Projektleitung: Birte Dittmann
Layout: Karin Herres
Satz: Satzwerk Huber, Germering
Herstellung: Karin Herres
Druck und Bindung: Alföldi, Debrecen
Printed in Hungary

ISBN: 978-3-8094-4730-6